FRAGMENTE

Lisa Michaelis

Fragmente
Gedichte Zyklus in zehn Teilen

Deutsche Erstauflage 2016

´Fragmente´ ist 2016, bei Mayersche Buchhandlung, auch in dem Band ´Gesammelte Gedichte´ erschienen.

„Klarheit der Seelen:
Die Sonn ist hell und klar.
Viel tausend tausendmal.
Die Seele mehr:
Weil sie von Gott ein Geist und Strahl.“

Daniel von Czepko

FRAGMENTE

I Griechische Gefilde

Lovers

We are lovers.
Save, chosen and pure.
By gods grace only!

Meister des Lichtes

Himmelsstern,
Sonnentochter,
Mondgöttin!
Du wendest das Dunkel zum Licht!

Dein Körper ist sein Streben.
Dein Atem ist sein Leben.
Dein Herz ist sein Tor.
Zu Freiheit und Liebe geboren.

Alithi

As I saw me dancing,
I felt I´m the music and I was flying high,
as I saw our dog,
running on the beach so free,
as I saw my lover,
playing love songs for me.

With strong eyes, and a pure heart,
a heart full of love, ready to give,
a soul full of light, happy to cheer.

As I saw me dancing,
I felt I´m the music and I was flying high,
as I saw our dog,
running on the beach so free,
as I saw my lover,
playing love songs for me.

II Am Abgrund

Großmuttervisionen

In der kleinen Arbeitersiedlung,
stets sauber und hell, du,
bis zum Schluss, bis der erste Blitz dich traf.
Dich, den bäuerlichen, starken Baum,
der in Reih und Glied stets stand,
in seiner ländlichen Allee.
Mitten in die Krone,
traf es nur den einen und der warst du.
Großmutter sagte zum Kind: Ich will dich!
Für dich nur warme Unterhemden,
Hüte und keine Zigaretten.

Doch ein Engel rief dich weit hinaus,
nach Haus,
und ich hör dich immer noch sagen:
Ich will dich!
Ja dich hör ich flehen,
du, die das Leben verteidigt hat.

Großmutter rennt nun
mit zerzausten Haaren,
weit weg von zu Haus
und der neuen Haushalthilfe,
dann die Flure entlang,
dem Gefängnis zu entrinnen.
Frei sein, so nicht leben,
wie so viele Alte lieber sterben wollen,
als lebendig sterben zu müssen.

Tränen, Blasenkatheder, Tränen,
auf mädchenhaftem Gesicht,
dank Magensonde
bist du jetzt meilenweit entfernt
und willst nur noch nach Haus,
mit weizenblondem, weißem Haar.

Großmutter schwebt
heut über dem See,
ganz sanft vom Wind getragen,
ihr liebes Gesicht dem Himmel so nah.
Ein Frieden strahlt aus ihr, wie einst,
längst hat sie mich gesehen,
und liebevoll hinab gelächelt.
Ich liebe dich, es tut so weh.

Schwarze Locken

Heller, leuchtender Stern,
schwarze, versinkende Augen,
die mir zufliegende Seele, aus Liebe,
die Reise, ein Flug, überirdisch schön.

Der Krieg

Er ist der Vater aller Dinge,
so der weise Philosoph Heraklit,
doch was nützt uns das beste Verständnis,
wenn wir nicht in Frieden leben können?
Der Krieg war noch nie
mit seinen eigenen Waffen zu schlagen.
Egal wer siegt,
rechtfertigt niemals die Verluste,
und was bleibt ist nur die Flucht.

Nadja – Deutsche Subkultur

Du osteuropäische Nutte!
Bläst dem stinkenden, alten Moslem einen,
die Not hat alle Seuchen vergessen, für 30 €.

Verheiratete Männer, eiskalte Männer,
dicke Männer, dumme Männer,
hässliche Männer, kranke Männer
und Richard Gere!

Würgend drehst du dich weg!
Der Aufseher kommt,
los weiter doch,
tropfende Vagina über einem Gesicht
- wie Tränen.

Alte, animalische Gerüche,
gierige Hände sehen an Augen vorbei.
Die anderen Nutten hassen dich bereits,
dich Preiszerstörerin, noch jung und schön.

Ach Nadja, eines Tages
wird dein Schmerz nie mehr vergehen,
und dich begleiten zu allen Zeiten!
Willst du nicht doch lieber putzen gehen?

Die Wärme der Nacht

Wenn dem Morgen die Lungen brennen,
und der Blick aus dem Fenster
nichts mehr bedeutet,
er schmerzende Bäuche vor sich herträgt,
und als Unsichtbarer, schlimmer noch,
unberührbar bist.

Wenn des Mittags Beine zu müde geworden,
am Tage wach zu sein,
der Tag seine geschlossenen Augen
nicht mehr öffnet,
weil alles, alles vergeblich ist,

Ermattet nichts mehr hofft,
außer die Tage vergingen schneller,
so als träume er nur,
dass die Zeit vergänglich sei
und mit ihr alle Dinge.

Wenn der Abend um Erlösung betet
und endlich aufgegeben hat, zu brennen,
zu schmerzen, müde zu sein und zu hoffen,
gefallen ist, bereit sich hinzugeben,
dem Großen näher.

Wenn die Nacht,
in Frieden mit sich und ihrer Welt,
auf ihrer Reise ihre schützenden
Hände über sich legt,
freiwillig in der Ruhe verharrend,
endlich bereit sich selbst zu finden,
denn nichts wird vollendet ohne Alleinsein.

Die Wurzel

In Klüttenkellern eingesperrt,
an Hosenträgern an die Wand gehangen,
das Zittern der Kriegsweisen,
die Kälte der Nonnen,
Vater Nationalsozialismus´
unberechenbare Härte.

1. Frau, 2. Frau, 3. Frau,
belogen und folglich betrogen.
Liebe als Nebenschauplatz,
Talent nur Freizeitbeschäftigung,
Werte, an die dein Herz einmal geglaubt,
sie leben in mir.
Ja, schlag doch zu.
Ich bin die Frucht!

Gewendete Blätter
gegen das eigene Fleisch und Blut.
Kaputtes Herz und acht Bypässe
mit 60 Jahren,
Zähne sind aber in Ordnung.
Wir passen nicht zusammen, sagt sie!
Frau Nr. 3, als ob es kein Leben vorher gab.

Wahrheit ist Schuld,
vergessene Vokabeln
aus Lexika von Scharlatanen,
Verräter im Saubermannanzug.

Schöne Aussichten?
Ich werde dich wohl nicht wiedersehen.
Eines Tages wirst du tot
auf deinem Bett liegen.
Es soll keine Güte siegen.

Die Hoffnung stirbt zuletzt

Mütterherzen,
Väterschläge,
des Schicksals,
dein Mut,
deine Strafe,
dein Leiden.

Nach der 2. Abtreibung Sucht ignoriert,
Widerworte mit der Todesstrafe ahnden,
kann nichts ungeschehen machen.
Hilfe nur in der allergrößten Not.
Ich, genannt die Schuldige.
So bitter enttäuscht!

Schönes Kaiserblau von einst!
Vor der unzerstörbaren,
antikapitalistischen Einstellung.
Hoffnung, die zuletzt starb,
als ob Hochschulabschlüsse
Menschen verändern,
als ob Hass Liebe besiegt!

Notarztwagen heißt ich liebe dich
und schnelles Vergessen,
genannt Anderssein, Hinterlist,
Verderben und Dummheit.
Genialität ist unteilbar!
Strafe über den Tod hinaus!
Schmerz und über den Schmerz hinaus!

Versteinerte Nieren,
gebrochener Rücken,
zerschundenes Herz!
Schlechte Gedanken,
soviel Ungerechtigkeit in einem Menschen -
sagtest du.

Ein Dach und ein Auto für die Nachkommen,
gut gewandet und standesgemäß beschenkt,
Erdbeeren mit Sahne nur gegen Bezahlung.
Untrennbare haben verstanden,
Leben ist stärker als der Tod,
haben gelernt zu schweigen.

Eiserner Soldat,
es war ein harter Kampf für deine Liebsten.
Irrtum nicht erkannt.

Nie dich verraten,
nur an deinen Gott nicht geglaubt.
Seelen schwarz, Diebe, bleiben unerkannt,
die Moral des Mammons Gesetz
ist das Ende der Moral.

Als ob ein Mensch Jahrzehnte
ungeschehen machen kann,
entschädigendes Mitgefühl, doch Licht!

Mein tapferer Soldat,
es tut mir wirklich leid,
es tut mir richtig weh,
doch nur einer kann dich retten
und das bist du.
Denn alles was ich sage
nennst du eine Lüge.
Ich, genannt der Sündenbock.

III Langsam

Grüß Gott

Glitzern tausende kleiner Brillanten
auf dem leichten Sommerwellengang,
treibt die sanfte Brise,
weiter und weiter, ostwärts,
das Wasser, das Schilf und mich.

Ein Vogel zwitschert, eine Botschaft?
Ein Lied.
Ein Zweiter stimmt ein, ein Dialog?
Ein Duett.
Da tiriliert der Dritte, im steten Rhythmus
nun, eine Unterhaltung? Ein Konzert.

Strahlender Engel auf blauer Wiese,
Schmetterlingskristall
im schweren Durchsichtigen,
das Kind, der Hund, im Grün und nass,
ein Lachen, die alte Frau,
ein Blick über den See.
Schreiberling, die Sonne brennt wie Worte,
Zeit für Kaffee.

Der Berg

Westen, Norden, Süden, Osten,
das Oben und Unten.
Innen, das große Panorama.

Blaue, weit sich treiben lassende Füße,
von feinsten, weißen Sandbuchten
umsäumtes Waldbeinkleid,
einen ganzen Felsenkosmos tragend.

Emporragende Güte,
Animalisches, Grünes und Buntes
und das Nichts beherbergend,
genährt von mächtigen, hellbraunen
Naturwunderbrüsten.

Vor dem Kaiserhimmel deines Geistes,
dich umtanzende schneeweiße Wölkchen.
Erhabene Mutter Erde,
deine Monumente sind wahrlich groß.

Macht, Kraft, Energie, Wesen,
Oben und Unten.
Innen, das große Unbezwingbare.

Aus mir

wurde Lava,
wurde Sturm,
wurde Fels,
wurde Sonne!

Aus Leidenschaft Zerstörung,
aus Wandlung Veränderung,
aus Gelassenheit Akzeptanz,
und aus Mut Stärke.

Am Wegesrand

Am Ende eines langen Weges,
sah ich in der Morgendämmerung,
in meinen goldenen Spiegel,
in ihm das Buch, die Blume, der Himmel.
Ich staunte, fürchtete mich
und war glücklich.

Unfürställboar

Nun da die Schönheit 75 Joahr,
wurde weiß das blonde Hoar.
Dör Wein, ör hölt das süße Lachen kloar,
jo die liebe Seele is noch doar.
Hoast olls verlorn un doch gewonn,
auch wönn dein Leben
schier unfürställboar zeronn.

Seit Anbeginn, in Ewigkeit

War er da,
war sie da,
war es da,
waren sie da,
war das Unsagbare da!

Gott, die Liebe, ein Geist,
Die große Mutter, die Schöpferische,
die Einheit, der die Vielheit entspringt,
die Götter, die Lenkenden.
Das Unsagbare!

Menschen reden, denken, schreiben,
vom Anbeginn der Ewigkeit.
So ist und bleibt mir doch ein Wunder,
seit Anbeginn, in Ewigkeit.

Zungen, die tanzen wie Schlangen

Ade Doppelmoral,
Ade falsche Moral!

Weich und weicher,
gestreichelte Brüste,
zärtliche Hände,
Saugen an Zehen,
lodernde Blicke,
feurige Küsse,
weicher zwischen den Beinen.
Während er ihr Geist und Seele
und alles was sie sonst noch fühlt,
aus dem Leib vögelt.

Sie steht lächelnd an der Wand,
streichelt zärtlich sein Gesicht,
und hält liebevoll seine Hand.

Baby

Es fließt ein Traum,
mit heilender Kraft,
des süßen Duftes,
der Ruhe schafft.

Der Geist entspannt,
so frei da fliegt,
in Lüften sanft,
der Himmel siegt.

Die bare Freiheit von Gedanken,
die alten Bilder,
lasse ziehen,
die pure Reinheit liegt hierin.

Will nicht mehr wachen
und nur noch träumen,
fliegen,
einzig und allein.

Sie – oder das Vorurteil

Sie ist so weiß,
wie es reiner nicht geht.
Sie ist so weich,
das selbst Samt nicht besteht.
Sie ist sehr scheu,
Grabscher wird sie niemals mögen.
Sie ist eine Beschützerin,
hütet alles das, was ihr gehört.
Sie ist mutig und bedingungslos sie selbst.
Sie ist das zarteste Seelchen, ohne Unterlass.
Sie ist ganz sensibel,
nicht nur zu sich selbst.
Sie ist die beste Mutter
und hegt ihr Baby Tag und Nacht.
Sie ist unabhängig,
nie wird sie eine Klette sein.
Sie ist treu, dem gegenüber
der ihr die Freiheit nicht nimmt.
Sie ist unverschämt,
stets geht sie mit erhobenem Haupt.
Sie wird immer sie selbst sein,
wie sehr sie dich auch liebt.
Sie ist meine Katze.

IV Die Wahrheit

Der Schlaf

Tief schläft im Herzen jedes Menschen
dieser eine wahre Traum,
von Frieden – Wahrheit – und von Liebe,
davon die göttliche Vollkommenheit
zu schauen.

Bestimmung ist es dem Mensch gewesen,
vergessen haben sie ihn gemacht.
Im Taumel leerer Ideale,
die Luzifer zur Welt gebracht.

Die traurige Wahrheit

Im Namen des Fortschritts wurde
jeglicher humanitäre Fortschritt,
den die westliche Zivilisation machte,
mit Hilfe von Plastikzahnprothesen
und Herzschrittmachermaschinen
wieder zerstört.

Im Namen des Wirtschaftswunders wurden
millionenfach Existenzen geplant ruiniert,
wurde zugelassen,
dass Millionen Menschen verhungern,
wurden die Schätze der Erde
skrupellos geplündert
und der Jugend die Hoffnung genommen.

Im Namen der Schönheit wurden
Frauen zu Fleischleibern herabgewürdigt,
die Zwecke zu erfüllen haben,
bespritzt, befüllt, beschnitten und bezahlt,
wurde das Alter entwürdigt,
wurden Schönheit und Würde verkauft.

Im Namen der Liebe wurde
die Liebe umgebracht,
wurden Menschen dazu manipuliert
sich selbst zu vergessen,
wurde die Zerstörung zum Heilsweg
und der Tod Leben genannt.

Im Namen der Wahrheit
wurde Verrat zum Kavaliersdelikt,
wurden Betrüger
hochangesehene Ehrenmänner,
wurde die Wahrheit an den Pranger gestellt,
und Menschen,
die nie aufhörten die Wahrheit zu sagen,
verfolgt, geächtet, isoliert, eingesperrt
und umgebracht.

Armes Deutschland

Vor einem Millionenpublikum
wird die Realität totgeschwiegen,
und noch ins Negative,
zu Lasten der Opfer, gekehrt.
Demagogen, Wölfe im Schafspelz,
Volksverräter!

Die faulen Schweine sollen doch arbeiten!
Auch wenn es gar keine Arbeit für sie gibt.
Moderne Sklaven, 1 € Jobber nach vorn,
Kosten der Wiedervereinigung und EU
zu Lasten des Volkes.

Aber solange er noch im Warmen sitzt
und genug zu essen hat,
wird der deutsche Michel schweigen.
Das ist in Deutschland Tradition!

Politiker aller Parteien
schlagen neuerdings öffentlich
die Hände über dem Kopf zusammen.
In politischen Debatten,
die nur noch auf Phönix gesendet werden.
Nach 23 Uhr!

Ja, die Presse wird immer liberaler.
Hier ist eine richtig gute deutsche Frau:
Eine Türkin, die sogar vom Alg II noch
für eine neue Waschmaschine sparen kann!

Von Globalisierung erzählen sie dir nichts.
Es wird keine Vollbeschäftigung mehr geben,
weil wir im Neuen Jahrtausend leben.
Rationalisierung heißt die Maxime,
Maschinen werden dich ersetzen.

Arbeit macht frei!
Hast du es schon vergessen?
Hungere Mensch, während die Reichen
weiter von goldenen Tellern essen.

Keine Rede
von der neuen Armut Alleinerziehender
und kinderreicher Familien,
von Menschen, die ihre Arbeit verlieren
und bei Dr. Hartz landen.
Von alten Menschen, die sich keinen
Arztbesuch mehr leisten können
und die Mülltonnen durchsuchen.

Von einem zwei Klassen
Gesundheits- und Bildungssystem.
Von leeren Staatskassen?
Von Schulden über Schulden!
Von Atommüll, Chemtrails, HAARP
und anderen Umweltkatastrophen.

Wir? Hier?
Quatsch!

Über den Dritten Weltkrieg im Nahen Osten
sagen sie dir auch nicht die Wahrheit!
Es ist unsere historische Pflicht,
unseren amerikanischen Freunden
in Afghanistan zur Seite zu stehen?
Angela an deinen Händen klebt Blut!
Obama führt verdeckten Krieg
in etlichen Ländern,
Deutschland ist ganz weit oben
auf der Liste der Rüstungsexporteure.

Tragisch,
wer heute in Deutschland regiert
ist Kriegstreiber,
vor dem Karren der Banker,
der Großindustriellen und Medien Mogule.

Zitronenfalter
In Gedenken an Brecht...

Die Nachgeborenen
tauchten aus der Flut,
nur um erneut dem Untergang
entgegen zu sehen.
Ein Zitronenfalter lächelt milde.

Die Sprache verriet dich dem Schlächter,
verrät dich noch heute, unvergessen
und keine Wahl.
Es ist Wahltag im Land,
Zitronenfalter an der Wand.
Der Sonnenuntergang hat erneut begonnen,
Kriegstreiber an der Macht,
der Frieden ist zerronnen.

An dich habe ich stets
und immer nur mit Nachsicht gedacht,
und hätte doch so sehr gewünscht...
Die Nachgeborenen tauchten aus der Flut,
um dem Frieden entgegen zu sehen.
Die Sprache verriet dich dem Menschen,
der dich nicht verrät und eine Wahl.

Materialismus - oder der Verlust des Geistigen

Nobel und modern,
erschuf die weltweit stärkste Religion,
Menschen ohne Identität,
kollektive Selbstzerstörung,
die Konzeption polarer Kräfte,
die Doktrin des Dualismus,
eine irregeführte Kultur.

Am Berg habt gehört, dass gesagt worden ist:
Du sollst deinen Nächsten lieben
und deinen Feind hassen.
Jesus aber sagte uns:
Wir sollen unsere Feinde lieben
und für die beten, die uns verfolgen,
damit wir Söhne unseres Vaters werden.

Yeshua ha Mashich
die Liebe,
die Wahrheit,
die Freiheit,
die Erlösung,
der Gottesstrahl:

Nicht von Emotionen,
noch von Materialismus,
nicht besessen,
noch getrübt,
verleugnet,
verhöhnt,
gekreuzigt!

Tag um Tag...

...von denkenden Automaten,
von handelnden Instinkten,
von wissenschaftlichem Materialismus,
von Geist- und Seelenlosen,
von komplexen, mechanischen Prozessen,
von Angst und Hass,
von destruktiven sexuellen Impulsen,
von Denken ohne Gedanken,
von leeren Worten,
von Lügen,
von Zweifel,
von kollektiver Schuld,
von Opfern und Verbündeten
von falschen Zielen und politischer
Korrektheit!

Von Eliten, die um Weltkontrolle ringen,
von der Herde ängstlicher
und arbeitsamer Tiere,
unter geregelter Knechtschaft.

Denk-Verbot aus Amerika,
Zivilisation verwechselt.
Während die fortschreitende
Pendelbewegung das Gleichgewicht anstrebt.

Die Seelen der Kinder
brauchen die Wahrheit,
um das Gute der Menschheit fortzutragen,
über die Schrecken, die noch kommen
über Kriege und Naturkatastrophen hinweg.

Nur die Wahrheit entmachtet den Drachen,
erlöst die Schlange
und ermächtigt den Friedenskönig,
die Herzen der Wesen.

In jedem kleinsten Teil der Materie ist Geist.
Die Allmächtigkeit der Materie ist eine Lüge.

V Einst

Mein Liebster

Ich liebte dich, du liebtest mich,
wie mich, wie dich, ein Selbst.

Wege, Abenteuer und Jahre,
in einer neuen Welt, im ewigen Kreislauf.

Wir glaubten einander niemals zu verlieren,
füreinander vom Schicksal bestimmt.

Und das Schicksal war es was entschied.

Das Buch

Wenn ich dich in meinen Händen hielt,
wenn ich über deinen Zeilen träumte,
wenn ich hunderttausendmal
die richtigen Worte suchte und dich
selbst in der Druckerschwärze wiederfand,

Wenn ich aufwachte und dich vor mir sah,
wenn all meine Erinnerungen
- wie in einem Film –
wieder lebendig wurden,
wenn ich des nachts neben dir lag.

VI Visionen

Wiedergeburt

Ich hatte ganz vergessen,
ich wusste nicht mehr wie,
ich brauchte nur mich selbst.

Über hundert Irrwege,
über hundert Umwege,
ich brauchte nur mich selbst.

Auf dem Weg zu dir

Nur du, du selbst, du allein.
Und wenn alle dich einen Lügner schimpfen,
du weißt du sagst die Wahrheit.
Wenn man dir fern bleibt,
wirst du dir nah sein.
Und wenn man dich einen Feind nennt,
deine Freundschaft ist echt.
Wenn alle dich hassen, du wirst dich lieben.
Nur du, du selbst, du allein.

Telepathie?

Meine Intuition sagt mir tausend Dinge,
ob ich träume, ob ich wache,
ob ich verrückt geworden bin.

Plötzlich hör ich deine Stimme,
ob ich träume, ob ich wache,
ob ich verrückt geworden bin.

Ich kann dich förmlich fühlen,
ich sehe dich vor mir stehen,
ich bin in deinen Armen,
wir möchten nie mehr gehen.

Ob ich träume, ob ich wache,
ob ich verrückt geworden bin.
Das kannst nur du mir sagen,
du nur du allein!

Manchmal hör ich dich mich fragen,
oder mir Dinge sagen,
und ich hör dich flüstern:
Du nur du allein...

VII Metamorphosen

Unterdrückt

Wie kannst du dich selber lieben?
Wie kannst du andere lieben?
Wie kannst du Gott lieben?
Wenn verboten ist, wie du bist.
Du kannst es nicht.

Wie kannst du dann in Freiheit leben?
Wie kannst du dann wahrhaft lieben?
Wie kannst du dann in Frieden sterben?
Wohin du dich auch drehst,
du kannst vor dir selbst nicht fliehen.

Du kannst vor deiner Wahrheit nicht lügen.
Du kannst deiner Nähe nicht fern sein.
Und deine sexuelle Energie nicht leugnen.
Du kannst Freundschaft nicht verkaufen.
Du kannst deine Liebe nicht verlieren.

Das Meer,
es wird aufbrausen
und verdunsten.

Der Wind,
er wird entschwinden
und stürmen.

Die Erde,
sie wird schwanken
und verdorren.

Das Feuer,
es wird ausgehen,
ja verbrennen.

Du kannst deinen Körper nicht täuschen.
Du kannst deinen Geist nicht belügen.
Du kannst dein Herz nicht verraten.
Du kannst dich nicht verbergen.
Du kannst nicht fliehen.

Ohne dich selbst, kannst du nicht leben.
Den ganzen Tag, dasselbe Spiel.
Du kannst Gott nicht bestechen.
Du kannst mit Gott keinen Handel treiben.

Die Züge des Lebens I

Das Gleis im Nebel, der Morgen blau,
bei Ankunft schlafend, erahnt, nicht genau.
Nicht wissen wohin die Reise geht,
für heute kam auch der Zug sowieso zu spät.

Doch Züge erscheinen ja meist stets nach
Plan,
dem Plan, den ich selbst geschrieben habe.

Der Zug kommt immer planmäßig,
ich stehe ermattet von Weiß.
Nun doch einsteigen? Nein, um keinen Preis!

Ich weiß nun nicht mehr was ich will!
Zu lange gewartet?
Ich renn von den Gleisen,
dem Nebel entkommen,
in neue Hallen, neue Abfahrtspläne lesend.

Warten, ein halbes Leben lang.
Ist denn nie genug gewartet?
Was macht mich so bang?

Die Vorsicht, will reisen nicht mehr,
zu viel schon gesehen,
mein Herz ist so schwer.
Träumen, um zu träumen, immer nur dar.
Geht es ewig so weiter?
Jahr um Jahr? Die Jahre vergingen!

Es gab Jahre in denen ich viele Züge bestellte
und viele Züge kamen.
Und es gab die Jahre in denen ich schwieg
und kein einziger Zug mehr kam.

Ich sitze am Bahnhof, in Blau und in Weiß,
die Züge fahren auch ohne mich – ich weiß.

Werde ich eines Tages mein Ticket
aus meiner Tasche holen,
und tatsächlich einsteigen?

Werde ich neuen Menschen begegnen?
Werde ich neue Länder sehen?
Werde ich neue Abenteuer erleben?

Wird irgendwann einer der Züge
mein magischer Zug sein?

Vielleicht werde ich ihn rechtzeitig erkennen,
wenn sich der Nebel endlich verzogen hat,
wenn der Himmel blau ist
und die Sonne scheint!

Die Züge des Lebens II

Minuten, Stunden, Tage, Jahre
sind schon längst vergangen,
Züge um Züge habe ich bestellt und blieb.

Ich sah sie stets kommen, konnte nie gehen.
Im Grunde wollte ich niemals Zug fahren.

Die Züge des Lebens III

Fliegen will ich.
Wie ein Vogel, so frei.
Wie ein Adler, dem Himmel so nah.

Die letzten Rosen für dich

Wie oft hast du mit mir im Garten gesessen,
und ich muss jetzt lernen dich zu vergessen,
habe alles behalten, aus all den vielen Jahren,
mit dir habe ich tatsächlich
nie eine Enttäuschung erfahren,
wie schön es war, dass es dich gab.

Ein wahrer Freund ist ein Mensch,
der dich so liebt und akzeptiert wie du bist.
Und niemand,
der von dir etwas verlangt oder erwartet,
auch wenn er oder sie immer auf dich wartet,
sogar am anderen Ende der Welt.

Wahre Freundschaft hält im Innersten,
sie braucht keine Bestätigung im Außen,
sie ist ein Gefühl tief im Herzen.
Ich wünsche dir weiterhin wahre Freunde,
die nur trifft, wer selbst einer ist,
wie du es warst.

Es war ein tiefer Fall, ich höre noch den Hall.
Du bist so weit gegangen,
wie wenige nur langen.
Nichts war vergeblich.
Lass los und geh weiter,
das Leben ist wie eine Leiter.

Die Tränen wollen heute noch nicht
versiegen,
könnte ich nur wie Vögel fliegen,
ich würde dich noch begleiten.
Der Abschied ist ein riesen Schmerz,
der Tod, er ist kein Scherz!
Flieg mein Freund, sei frei.

Ich weiß, dass meine Worte kitschig sind,
ein Kinderreim, ein Blatt im Wind.
Ich möchte dir noch so viele Rosen schenken,
und kann es nur noch in deinem Gedenken.

Danke für all deine Liebe.

Tränen für Andreas

Man nannte dich unangepasst,
dabei hast du nur die Ungerechtigkeit
gehasst.
Gott hatte dich auserkoren,
einen Weg zu gehen,
den nur Wenige verstehen.

Vielleicht hat er darum so früh schon gesagt,
komm zurück zu mir.
Gottes Wege sind unermesslich,
und kein Mensch kann sie er- oder
bezwingen.

3 D, das Programm der Dualität,
liegt jetzt hinter dir,
ich muss dich gehen lassen geliebter Bruder,
ich muss noch bleiben,
doch im Herzen bleiben wir immer ein Wir.

Es ist Liebe, die die Seelen berührt und führt,
sie durch die Dimensionen leitet,
ein immer wieder sich gebärendes
und sterbendes Bewusstsein.
Eins im Grunde.

Du warst ein Lehrer, von Gott geschickt,
ein so guter Lehrer der kleinen Kinder,
Musik ist die allerschönste Sprache Gottes,
derer der Mensch fähig ist.
Du, der durch die Töne sprach.

Du bist schon gegangen,
vorgegangen,
5 D und nun frei,
in Gottes Reich,
der unendlichen Liebe, Fülle und
Dankbarkeit,
weiß ich dich sicher und beschützt.

Eine kurze Rast?
Wirst du wiederkommen?
Neue Rollen übernehmen
in diesem göttlichen, großen Spiel?
Das Mysterium von Leben und Tod,
wer kann es ergründen?

In der Predigt
hast du die Stimme vernommen,
ein Engel sagte dir das Wort zu verkünden,
eine Vision,
die dir einen neuen Auftrag zeigte.

Die Ärmsten der Armen,
die auf der Straße leben,
aufrichten und trösten wolltest du.
Ein Schmetterling wurde dir geschickt,
die Metamorphose der Seele
war schon beschlossen,
In göttlicher Ordnung hat Sophia
den weißen Kranich am Himmel gesehen.

Ich liebe dich Bruder.
Ich liebe dich.

Natur innerlich

Wolkenregenstürmendes,
sonnenblauumarmend,
buntblättertreibend,
eiskristallklar.

Steine bleiben hart, feststehende Erde.
Wasser fließt sanft, weiter und weiter.
Brennendes leuchtet und vergeht.
Wind befruchtet, erschaffend, zerstörend.
Äther ist zeitlos, im absichtslosen Jetzt.

Dagegen kämpfen?
Davor weglaufen?
Stehen bleiben?
Sieh was ist in mir und in dir!

VIII Hallelujah

Wünsche

Ich weiß alle Wünsche werden wahr.
Darum sagen die Alten ja wünsche weise.
Aber alles was ich heute Menschliches sah,
zu wünschen könnte doch ein Fehler sein.

Auch mit dem armen Tier
möchte ich nicht tauschen.
Die Pflanzen und die Steine sprechen leise.
Sei!

Die menschliche Seele
der klare Kristall, vorzüglich.
Mein Wunsch,
ein herzlicher Glückwunsch.
Zum Glück erkannt:
Ich bin!

Die Psychologie von Leben und Tod

Wir kommen und lieben,
aus Sex, Liebe, Erleuchtung geboren,
wo alles ineinander strömend ist,
unser wahres zu Hause, gewiss.
Auf die Wanderschaft geschickt,
aus der Einheit in die Zweiheit,
und die Tausendmannigfaltigkeit,
bestimmt dazu in ihr den Weg zurück
nach Haus zu finden.

Orientiert an den Ahnen,
straucheln auch wir, mehr oder weniger,
sind wir doch die Zeichen der Einheit,
als ob Hilfe gesendet, an jedem Ort.
Es strahlen Sonne und Mond,
blühen Rose und Lotusblume,
scheinen die Sterne, und leben die Heiligen.

Die große Liebe, weist stets das Licht.
Sie leitet und lenkt, unbeirrbar und weise.
Ob du es willst oder nicht.
Du bist schon gerettet, gewiss!

Das Geschenk

Die Lüge aufgegeben,
und Wahrheit ist da.

Fern nicht dir selbst,
ist alles nah.

In Allem

Leben und Tod
Schwarz und Weiß
Kommen und Gehen

Die unendliche Reise
In unendlicher Zeit
In Nicht-Zeit

Ich ruhe, ich wache, ich schlafe
In mir, in dir, in allem
Ich bin in all dem was ist
Sei gewiss

Die sieben Spiegel

Dunkelblau
Ich rufe, ich suche, ich sehe.
Endloser Himmel
Wogendes Lavendelfeld
Der Gedanken tiefe Ruhe
Des Geistes leuchtender Moment
Die Erkenntnis

Blick in Purpurrot
Ich fühle, ich sehne, ich flehe.
Untergehender Sonnenfeuerball
Offene Hibiskusblüte
Voll überschäumender Kraft
Mit den offenen Armen der Liebe
Die Urenergie

Blick in Gelb
Ich glaube, ich bete, ich hoffe.
Duftender Lilienkelch
Flaumiges Entenküken
Welch lieblicher Gesang
In Licht getaucht dort fließt
Das Leichte

Schwarz
Ich erkenne, ich weiß, ich bestehe.
Immerwährende Nacht
Schwarzer Turmalin
Schütze mich
Du, der Undurchdringliche
Der Schatten

Weiß
Ich scherze, ich lache, ich blühe.
Kleine Enzianblüten
Großer Rheinkieselstein
Sehr zart und All-eins
So stark, wie keins
Die Reinheit

Blick ins Licht
Ewig, liebend, erleben
Gleißendes Sternenlicht
Strahlen eines Diamanten
Der Ewigkeit gewiss
Unendliche Liebe
Die Essenz

Blick ins Nichts

IX Genug

Das Urteil

Sich zu entwickeln
war schon immer abenteuerlich,
du musst mutig sein,
wenn du zu deiner Blüte kommen willst.
Sieh doch wie schön das alles ist.
Urteile nicht.

Die Wolken, über die du gestern stöhntest
verhindern den Sonnenbrand,
Der Regen über den du Morgen klagst,
erspart dir einen Sturm.
Urteile nicht.

Gestern bist du gefallen,
morgen wirst du auferstehen,
Leben kannst du nur jetzt!
Urteile nicht.

Wie das kreisende Universum
spiel dein Spiel,
stopp die Lüge.
Urteile nicht!

Alle Liebe ist in dir um gefunden zu werden.
Es ist nicht notwendig ernsthaft zu sein.
Spiele!
Urteile nicht!

Erlaube der Schönheit deines Herzens
sich zu verströmen:
Lass dich strahlen.
Sei das Licht!

Nicht der Verstand,
nur die äußerste Liebe;
enthüllt das Geheimnis.

Vorgestern

Vor fünf Jahren, war da noch die Liebe,
die nie verging, die nie endete.
Die Liebe, die mit dem Wind fortflog,
die Liebe, die allem trotzte,
die allem widerstand,
die Liebe, die wir nie vergaßen.

Vor noch so lang, ja, noch so kurz,
da ging ich Hand in Hand.
Ich bekam ein Kind,
ich schrieb das Lied,
und pflanzte einen Apfelbaum.

Und liebe für immer,
das, was vergeht,
und das,
was niemals vergeht.

Worte

Der ganzen Worte müde,
Gedanken gibt es viele.
Sehen und teilen,
das Menschliche verbreiten.
Frieden!

In einem Körper, ja zu Haus,
in einer Nacht, die dunkel leuchtet.
An einem Wintertag,
die Augen sehen weit ins Leere.

Blau und Wunder,
und das Ewige.

X Offenbarung

Der Tod

Der Tod zeigt irgendwann
uns allen sein Gesicht,
ob wir es wollen oder nicht,
ob wir ihn begreifen oder nicht.

Es gibt keinen Ausweg vor dem Tod,
es ist darum nicht vergeblich,
sich zu Lebzeiten schon mit ihm
anzufreunden.

Der Tod ist wie ein Tor,
durch das wir alle gehen,
von einer Wahrnehmung,
von einer Dimension zur anderen.

Niemand auf Erden
kann dem Tod wiederstehen,
wie kochendes Wasser zu Wasserdampf wird,
wie jeder Frühling ein neues Auferstehen.

Im Kreislauf des Lebens,
ist niemand je verloren,
in Gott ist alles Eins.

Der Tod ist wohl einer der größten Meister,
vielleicht ist der Tod der größte Heiler.
Der Mensch liebt das Leben,
warum nicht auch den Tod?

Der Tod ist der Schöpfer des Lebens,
denn nichts auf Erden wird neu geboren,
ohne ein Sterben des Alten.

Der Tod ist des Lebens heiliger Schwur,
uns zu erretten, aus allen Ketten.
Gott ist Liebe, Leben und Tod.

Eins

Du gabst mir nicht das, was ich wollte.
Du gabst mir, was ich verdient habe.
Du hast mich nicht verurteilt für das,
was geschehen ist.
Deine Liebe zeigte mir den Weg.

Du hast mich nie allein gelassen.
Du hast nur jede Gelegenheit ergriffen,
um meine Augen zu öffnen.
Ich baute Mauer um Mauer,
und du hast alles getan,
um mich zurück nach Hause zu führen.

Nur um deine Freiheit zu fühlen.
Nur um deine Liebe zu spüren.
Nur um dich in Allem zu sehen.
Nur um deine Wege zu gehen.

Wahre Menschen

Bedingungslose Liebe,
deren Weg einzig die Hingebung
ihrer selbst noch ist.

Nie groß und doch nicht klein,
der große Ozean und die Quelle,
was dasselbe ist.

In der Vielfalt der Erscheinungen
die Erkenntnis der Einheit von allem.

Der vollendete Geist weiß,
aus der Tiefe, von hoch oben,
was dasselbe ist, dass alles dasselbe ist.

Die Liebe Gottes

Es gibt nur eine wahre Liebe,
sie wird auch Liebe Gottes genannt.

Alles andere ist in unsere Träume gewebt,
entspringend dem Körper oder Verstand.

Der Diamanten Glanz
aus Kohlenstoff geboren.
Schatten werden erst geworfen durch Licht.

Wieviel Licht kann der Mensch strahlen?
Gott hat ihm vergeben!

Und auch der Mensch muss sich vergeben,
will zum Göttlichen er streben.

Engel

Geflügelte Wesen
Die in neun Hierarchien leben - Gott nah
Mittler zwischen den Welten
Dem Menschen gesandt
Seinem Untergang entgegen

Doch wer hat sie gesehen?
Der, der sich selbst sehen kann
Der, der nicht sündigt
Der, der das Licht bringt
Der, der frei ist von Angst
Der, der wahrhaft liebt

Sternen Nacht, Blumenfeld der Freude
Spektrum des Lichts
Ein Flügelschlag im Wind
Die kleine weiße Feder
Als Zeichen dir bestimmt

Bewusstsein über Einheit
Gesetze, Prinzipien und Geister
Wesen und Boten des Herrn
Tanzen auf himmlischer Leiter

Gesandt dem Menschen
Dessen Geist zur Freiheit bestimmt
Der Seelen in der Einheit
Botschafterantennen
Heilungsverbreiter

Atmend in die Welt hinein
Ist der Mensch geboren
Unermessliches Geschenk
Die Seele ist nie verloren

Hohe Frequenzen im göttlichen Reigen
Lichtgestalten, immer da und dir nah
Wenn du, oh Mensch, nur bereit bist
Zu glauben und zu bitten

Engel I

Seraphim

Ihr Brennenden, Flammenden, Erglühenden
Feurig mit sechs Flügeln
Gottes Thron umschwebend

Die Sünden tilgend sind
Der Seraphim heiße Kohlen
Und das Stigmata des heiligen Franziskus

Seraphim fliegen
Über Gottes Thron
Unermüdlich preisen und loben sie ihn
Heilig, Heilig, Heilig

Heilig, Heilig, Heilig
Heilig, Heilig, Heilig
Heilig, Heilig, Heilig
Engel der Liebe und des Lichts

Sprich zu mir, oh Metatron

Cherubim

Im Garten Eden sind wir geboren
Voll Weisheit und Schönheit
Umgeben von edlen Steinen und Gold
Und Geistern der Harmonie

Engelwesen, dem Menschen ähnlich
Waren uns zur Seite gestellt
Bis der Mensch sich zum Bösen hat gesellt
Satan ist einst Cherubim gewesen
So hat die Schlange den Menschen
aus dem Paradies vertrieben

In Sünde gefallen
Der Weg zum Baum des Lebens verwehrt
Von den Cherubim
Und Gottes flammendem Schwert
Den Wächtern des Garten Eden
Und Hütern des Baumes des Lebens

Vier Gesichter, vier Flügel
Stierfüße und Menschenhände
Mensch, Löwe, Stier und Adler
Flügelrauschen zeigt
die Gegenwart Gottes an

Prinzipien und Werkzeuge Gottes
Nach denen Gott auf Erden richtet
Gott thront zwischen den Cherubim
Seine Augen sind überall

Throne

Engel der Lebensenergie
Des kosmischen, göttlichen Willens
Ihr haltet Gagallin, das große Rad
Den ewigen Kreislauf von Geburt, Leben, Tod
Und der Wiedergeburt auf Erden

Engel II

Ihr Weltenlenker
Geister der Weisheit
Engel des Verzeihens
Ihr spiegelt den kosmischen Willen wieder
Mit eurem majestätischen Zepter
Der reinen Gnade

Ihr Weltenkräfte, ihr Leuchtenden
Geister der Bewegung
Die Zyklen der Sterne
und Planeten steuert ihr
Die gottgewollte Ordnung der Naturkräfte
Gute Mächte sind Tugenden,
Helfer in der Not

Ihr Offenbarer und Bewahrer des Himmels
Geister der Form und der Gewalten
Mutig stellt ihr euch gegen alles Böse
Mit Schert und Donnerkeil
Auf das sich die Welt erlöse
Ihr haltet die Welt im Gleichgewicht
Und kämpft fortwährend gegen die Dämonen
Und führt verlorene Seelen zurück

Oh Elohim

Engel III

Archai

Urkräfte, Urbeginne und Zeitgeister
Fürstentümer leiten die irdischen Völker
Repräsentanten des Denkens
Der geistigen Energie und des Bewusstseins
Lenken auf den Pfad der Wahrheit zurück

Archangeloi

Erzengel und Feuergeister
Michael, Gabriel, Raphael und Uriel
Jehudiel, Seatiel, Barachiel
Chamuel, Haniel, Jophiel, Raguel,
Sariel, Ramuel, Zadkiel
EL heißt strahlen oder leuchten und Gott

Michael

Der wie Gott ist
Mächtiger Fürst des Lichts

Verbinde uns
mit unserem göttlichen Ursprung
Beschütze uns vor allem Übel

Michael,
der Daniel aus der Löwengrube rettete
der im brennenden Busch mit Moses sprach
der die Seelen der Toten zum Himmel trägt
der mit zwei Waagschalen die Taten der Verstorbenen wiegt
der die Schlange aus dem Paradies vertrieb
der Satan aus dem Himmel auf die Erde stürzte

Und Satans Wut war groß und er verführte die ganze Welt und vertrieb die Frau und führte viele Kriege.
Doch Michael ist der, der Satan besiegt und ihn für 1000 Jahre verbannt. Und in diesen 1000 Jahren gibt es auch nie wieder Krieg, aus keiner menschlichen Hand!

Gabriel

Macht Gottes
Du bist die Kraft Gottes

Engel der Geburt und Hoffnung
Engel der Verkündigung

Du verkündetest Maria, dass die Jesus gebiert
Auch Josef bist du im Traum erschienen
Und in der Heiligen Nacht, hast du den
Hirten die Wahrheit gesagt
Und Zacharias hast du verkündet, dass seine
Frau Mutter des Täufers Johannes wird

Ungeborene Seelen geleitest du durch die
Schwangerschaft bis zur Geburt
Du hälst die weiße Lilie,
Sie steht für Reinheit und Spiritualität

Gabriel, wir bitten dich
Steh uns bei und hilf uns dabei
uns aus den Verstrickungen
der materiellen Welt zu befreien
und unsere Visionen zu verstehen

Raphael

Gott heilt
Du bist der Heiler Gottes

Der Engel des Heilens und der Wissenschaft
Auf vielen Bildern bist du mit heilendem
Balsam dargestellt

Du begleitest die Menschen
in schwierigen Zeiten
Beschützt Kranke und Menschen auf Reisen
Raphael, einst hast du Tobias begleitet auf
seiner gefährlichen Reise und seinen Vater
Tobit von seiner Blindheit geheilt.

Raphael, Regent der Sonne

Erlöse uns von allen Schmerzen
Bitte mache uns gesund
Lass uns ein Gefäß sein
für Gottes Heil und seine Liebe

Uriel

Licht Gottes
Das Feuer Gottes

Mein Licht ist Gott

Du trägst die Feuerflamme auf offener Hand
Und dein Schwert

Erzengel der Prophezeiung

Du hast schon Noah vor der Sintflut gewarnt
Du Wächter über dem Sternenzelt
Du offenbarst den Menschen die göttlichen Geheimnisse

Wir bitten dich ermächtige uns

Angeloi

Ihr Engel
Ihr Söhne des Lebens

Schutzengel der Menschen

Auch wenn viele Menschen sie nicht sehen
Auch wenn viele Menschen sie nicht hören
Auch wenn viele Menschen sie nicht fühlen

Was zählt ist unsere ewige Verbindung.
Je öfter wir euch um Hilfe bitten,
umso mehr verbreitet ihr Liebe und Frieden.

„Gehe mit dem Tode umb:
Nichts stirbt,
Nichts wird geboren,
Der Tod stellt alles an,
Wohl dem, der täglich,
Sich mit ihm besprechen kann.“

Daniel von Czepko

FRAGMENTE

Inhalt

Inhalt

Inhalt

Zitate

Monodisticha, von Daniel von Czepko. Aus: Deutsche Gedichte, Anaconda Verlag, Köln, 2008